Trockenblumen

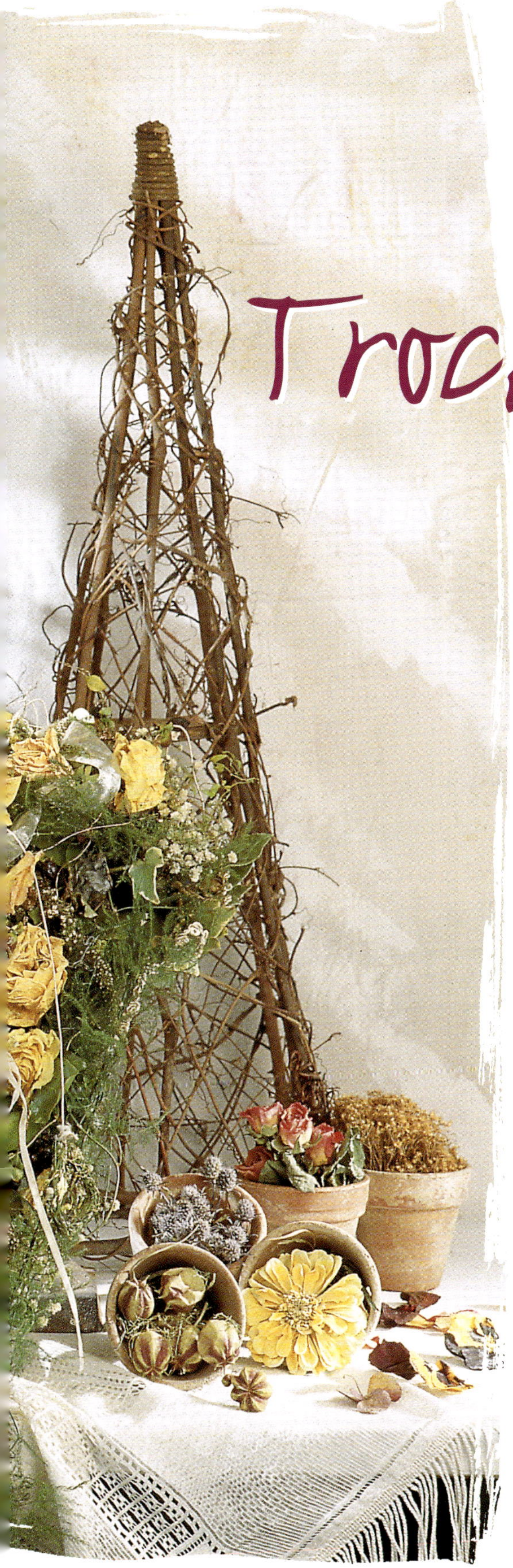

Agathe Schattschneider
Annette Hempfling

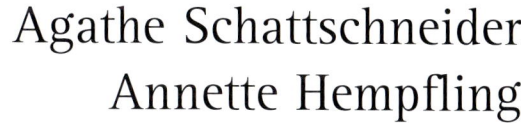

Trockenblumen

Blüten sammeln,
trocknen, arrangieren

NaturBuch
VERLAG

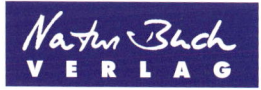

Die Autoren:

Agathe Schattschneider ist eine junge Meister-
floristin mit eigener Werkstatt in München.
Sie hat sich auf die Gestaltung von Trocken-
blumenschmuck spezialisiert.

Annette Hempfling arbeitet als Stilleben-
fotografin in München und ist überdies im
Ausstellungsbereich tätig.

Die Deutsche Bibliothek - CIP-Einheitsaufnahme

Trockenblumen: Blüten sammeln, trocknen,
arrangieren / Agathe Schattschneider / Annette
Hempfling. (Red.: Joachim Becker, München). –
Augsburg: Naturbuch-Verl., 1998

ISBN 3-89440-259-8

Naturbuch Verlag, Augsburg
© 1998 Weltbild Verlag GmbH, Augsburg
Alle Rechte vorbehalten
Lektorat: Annette Hofmeister, Augsburg
Redaktion: Joachim Becker, München
Alle Fotos: Annette Hempfling, München
Umschlaggestaltung: Michael Ballermann,
    Augsburg
Layout und Satz: Vera Faßbender, Augsburg,
    nach einer Konzeption von Andrea Burk,
    gesetzt aus der Rotis Serif 11/15 p
Reproduktion: Repro Ludwig, A-Zell am See
Gedruckt auf chlorfrei gebleichtem Papier
Druck und Bindung: Appl, Wemding
Printed in Germany

ISBN 3-89440-259-8

Einleitung:
Die fünfte Jahreszeit   6

Auftritt mit Atmosphäre   18
Erntefest mit Amphoren   20
Das 5 mal 5 der Farben   22
Lianen und hängende Kränze   24
Eiserne Duftreserve   26
Seeblick im Einmachglas   28

Trockendeko –
frisch und pfiffig   30
Blütenringe bitten zu Tisch   32
Himmelstreppchen   34
Frucht- und Blütensterne   36
Weihnachtliche Pyramide   38
Flammende Herzen   40

Kränze –
hier geht's rund   42
Grüne Bullaugen   44
Floraler Hausaltar   46
Zeitloser Rosenreigen   48
Das wachsende Adventsnest   50

Sträuße –
Fest der Farben   52
Brautstrauß mit gelben Rosen   54
Küken und Kätzchen   56
Herbststrauß mit Physalis   58
Herz ist Trumpf   60
Der Blütenbotschafter   62

Die fünfte Jahreszeit

Das Farben- und Formenpotpourri links zeigt, welche fröhlichen Arrangements aus Trocken-materialien entstehen können. Trockenblumen sind nicht das Gegenteil, sondern eine Verwand-lungsform frischer Blumen – die fünfte Jahreszeit sozusagen. Hier wollen wir Ihnen zeigen, wie Sie diese neue Jahreszeit mit Trocken-materialien, Frischblumen, Muscheln, Gefäßen, Tischwäsche und vielen anderen Utensilien immer neu gestalten können.

Freie Farbkombinationen

Heutzutage verbreiten viele Trockenarrangements noch immer den nostalgi-
schen Charme der 70er Jahre: Aus
getrockneten Silberdisteln und Mohn-
kapseln, Strohblumen und Rohrkolben
sowie exotischen Samenständen wie
denen des Lotus entstanden und entstehen grau-braune, erdig-schwere
Gestecke. Während Frischblumen als
Raumschmuck immer neue Trends und
Stilformen erleben, scheinen die ange-
staubten Trockenblumen mit den frischen Verwandten kaum konkurrieren
zu können. Doch gerade im Winter
können trockene Kränze und Gestecke
zum Farb- und Duftreservoir werden,
in dem sich die Kraft des Sommers
noch einmal von seiner schönsten
Seite zeigt.

Der Herbst leuchtet nicht selten mit
einer Farbharmonie aus roten, gelben,
grünen und braunen Blättern. Nie-
mand käme auf die Idee, diese fröhli-
che Laubmischung könne es zu bunt
treiben. Die Ursache ist einfach: Die
Grundfarben treten nicht mehr so rein
und so kontrastreich auf wie im Sommer. Herbstliche Mischtöne finden sich
auch bei vielen Trockenblumen. Oft
wirken sie, als wäre ihre Blüte im
ersten Frost erstarrt: Aus frischem
Weiß wird ein dezenter Cremeton,
leuchtendes Gelb tendiert zu Orange
und wirkt dadurch wärmer. Die
gedämpften Farben machen die
Trockenblumen untereinander vielfäl-
tig kombinierbar. Farbkontraste wirken
hier selten zu bunt, sondern machen
das Trockenarrangement lichter und

lebendiger: Eine getrocknete Blüte kommt eben möglichst selten allein... Das erste Bild auf den Innenseiten dieses Buches gibt einen Eindruck von der Farbpalette möglicher Trockenarrangements. Wenn Sie sich auf eine Farbe konzentrieren, dann sollten Sie deren ganzes Spektrum ausschöpfen und zum Beispiel fünf verschiedene Gelbtöne kombinieren. Die Farbharmonien und -kontraste lassen sich am besten komponieren, wenn Sie die Blüten erst trocknen und dann arrangieren. Natürlich können Sie einen frischen Strauß einfach zum Trocknen aufhängen – dann müssen Sie jedoch damit rechnen, daß die Blumen unterschiedlich schnell trocknen und Farben annehmen, die nicht optimal zueinander passen. Bei einem Brautstrauß sollte man auch bedenken, wie die Blüten getrocknet harmonieren und ob sie sich gut als ganzes Bukett konservieren lassen. Für „immer und ewig" sind die wenigsten Trockenmaterialien gemacht. Helles Sonnenlicht bleicht Blüten wie auch Kleiderstoffe und Teppiche mit der Zeit aus. Es wäre jedoch der falsche Ehrgeiz, die trockenen Arrangements möglichst gut vor Licht zu schützen: Im Dunkeln sind nicht nur alle Katzen grau – auch Trockenblumen wirken nun mal bei direktem Licht am schönsten. Die einzige Antwort auf das Verblassen lautet einfach, die Arrangements immer wieder zu erneuern. Wenn man sich einmal angewöhnt hat, aus frischen Sträußen die Blüten „herauszusammeln", bevor sie die Köpfe hängen

lassen, dann kann man die Kandidaten auf vielerlei Weise trocknen und weiterverarbeiten. Je besser die Ausgangsqualität der Blumen ist, desto überzeugender ist das Trockenergebnis und die Wirkung im Arrangement.

Historische „Wurzeln"
Schon in der Antike spielten gebundene Blumen eine wichtige Rolle bei Festen und Ritualen. Aphrodite, der Göttin der Schönheit und Liebe, war die Rose geweiht – die Braut war daher mit Rosen bekränzt. Den heimkehrenden Krieger schmückte ein Kranz aus Olivenzweigen, denn dem Olivenbaum war Athene, die Göttin

der Weisheit, Kunst und Wehrkraft zugeordnet. Auch Siegerkränze ließen sich aus dem Leben der Hellenen nicht fortdenken: Mit Bast-, Woll- oder Goldfäden wurden die Blätter auf nicht geschlossene Reifen gebunden. Der häufige Gebrauch von dünnem Golddraht bei den Kränzen und Arrangements in unserem Buch ist also zeitgemäß und historisch zugleich. Kränze wurden im antiken Griechenland an die Tür der Geliebten gehängt und schmückten die Haustüren bei der Geburt eines Sohnes. Sie wurden aus

Blüten wie Rosen, Lilien und Veilchen sowie duftenden Laubarten und Kräutern gebunden. Bei den Römern hieß der Kopfkranz „Corona" und wurde als Ehrenzeichen auch sprachlich zum Vorläufer der heutigen Kronen. Diese Gebinde waren zwar keine Trockenkränze im eigentlichen Sinn, wurden aber als Ehrenzeichen aufgehoben. Auch die Kränze in unserem Buch werden zum Teil aus frischen Materialien gebunden, weil die Verarbeitung dann einfacher ist. Die Arrangements sind allerdings auf eine dauerhafte Wirkung nach dem Trocknen ausgelegt.

Trockentechniken: Ganz nach Lust, Laub und Blüte...

Kaum ein Raumschmuck bietet sich so sehr zum Selbermachen an wie Trockenblumen. Zwar ist mittlerweile eine Vielzahl von getrockneten Arten

im Angebot. Aber gute Trockenblumen sind erheblich teurer als frische Ware, weil sie arbeitsintensiv in der Herstellung sind. Den Preisaufschlag für das Trocknen können Sie sich durch Ihre Initiative sparen: Investieren Sie das Geld in hochwertige Frischware und genießen Sie die Zeit beim Warten auf das schönste „Abfallprodukt", das Ihnen die Natur schenken kann: konservierte Blätter und Blüten. Der einfachste Weg zur Herstellung von Trockenblumen ist auch der bekannteste: Hängen Sie einen hübschen Blumenstrauß kopfüber im luftigen Schatten auf. Überflüssige Blätter werden vor dem Trocknen entfernt, weil sie

zuviel Pflanzensaft enthalten, der die Prozedur unnötig verlängert. Auf diese Weise trocknen hartstielige Pflanzen wie Mimosen, Rosen und Schleierkraut, aber auch die weicheren Rittersporn und Lavendel sowie Getreideähren und Gräser. Wenn Sie die verschiedenen Stiele und Blüten nachher neu arrangieren wollen, trennen Sie diese vor dem Trocknen. Nach dem Trocknen werden die Bündel neu eingeschnürt, da die Stengel beim Trocknen dünner werden. Sonst ist weiter nichts zu tun.

Pressen und Wärmetrocknen

Für das Trocknen von Blüten und Pflanzenteilen wird von alters her eine Pflanzenpresse verwendet. Den Ginkgo- oder anderen Blättern, Röschen und Hortensienblüten etc. wird durch leichten Pressdruck und saugfähiges Papier die Feuchtigkeit schnell entzogen. Wer keine Presse kaufen möchte, kann sie einfach nachbauen: Das Pflanzenteil liegt zwischen Löschpapier, Zeitungspapier und einem Brettchen auf jeder Seite, die mit Gewichten nicht zu sehr beschwert werden. Noch einfacher geht es, indem man das Blümchen oder Blättchen zwischen zwei Buchseiten legt. Doch hier ist Vorsicht geboten: Saftreiche Pflanzenteile können das Buch verwässern und verfärben.

Wer kein Herbarium für seltene Pflanzen anlegen will, sondern sich an farbenfroh konservierten Trockenblüten erfreuen möchte, kann die Blütenköpfe ohne Stiele auf eine mäßig warme

Heizung legen. Ein Tuch als Unterlage schützt vor allzu direkter Hitze: Die Wärme sollte 40-50 °C nicht übersteigen, da sich bei höheren Temperaturen manche Farben verändern. Der Trick bei diesem langsamen Wärmetrocknen ist, daß man die Blütenköpfe von Rosen etc. immer wieder sanft aufdrückt und damit voll zum „Erblühen" bringt. Bei fertig (luft-)getrockneten Blumen lassen sich die Blüten übrigens über dem schwachen Dampfstrahl aus einem Wasserkessel anfeuchten und dann per „Daumendruck" öffnen.

Blüten im blauen Bett

Obwohl viele Blüten beim Trocknen über der Heizung schon erstaunlich farb- und formecht bleiben, läßt sich dieses Ergebnis noch steigern. Professionell entzieht man den Pflanzen die Feuchtigkeit mit Blau- oder Silikagel, das Sie in jedem Bastel- oder Hobby-

bedarf kaufen können. Kleine Sonnenblumen, Zinnien, Rosen, Dahlien (auf unserem Bild) und viele andere farbenfrohe und empfindliche Blüten lassen sich perfekt konservieren, wenn sie vorsichtig in einen Behälter mit den Gelkörnern gebettet und damit völlig bedeckt werden. Das Blaugel wird rosa, wenn es die Feuchtigkeit aufgenommen hat, und die Blüten „entsteigen" dem Gelbad wie einem Jungbrunnen: leuchtend farbig und kaum spröde. Die Blaugelbehandlung ist von allen Trockenformen die erfolgversprechendste, aber auch aufwendigste. Das Gel läßt sich allerdings beliebig oft wiederverwenden, wenn man es auf einem Backblech ausbreitet, von Pflanzenresten reinigt und auf 200 °C erhitzt – dann werden die rosa Körner wieder strahlend blau und aufnahmefähig für Feuchtigkeit.

Trocknen und Sammeln

Wenn im Winter das Angebot an Frischblumen eingeschränkt ist, haben Trockenblumen Hochsaison. Doch das Trocknen sollte nicht erst in der kalten Jahreszeit beginnen. Im Sommer und Herbst ist die „Ernte" am üppigsten: Kräftige Frischblumen sind die beste Voraussetzung für schöne Trockenarrangements. Das Trocknen sollte deshalb nach dem Eichhörnchen-Prinzip erfolgen: Legen Sie einen haltbaren Vorrat von Blättern und Blüten an, solange das Angebot von Frischblumen groß ist. Besonders beim Trocknen mit Blaugel bietet sich ein kontinuierliches Vorgehen an: Legen Sie immer ein paar besonders schöne Blüten in Ihrem Blaugelvorrat ein. So können Sie mit der Zeit einen kleinen „Schatz" haltbarer Blüten sammeln, der sich kühl, trocken und dunkel für mehrere Monate lagern läßt. Mit diesem Farbvorrat können Sie dann Kränze wie das abgebildete Efeurund reichhaltig dekorieren.

Trockene oder frische Kränze?

In einem Buch über Trockenblumen erwartet man kaum eine Anleitung für den Umgang mit wasseraufnehmenden Steckkränzen. Sie können die Trockenmaterialien aber sowohl auf einem Ring aus grauem oder braunem Hartschaum als auch auf einem feuchten Biolitkranz arrangieren. Während die graue oder braune Trockensteckmasse wasserabweisend ist, wässert man das Biolit vor Gebrauch

einige Minuten – wenn es sich vollgesaugt hat, wird es dunkler. Biolitkränze werden in einen Untersetzer aus

gepreßtem Altpapier gestellt, der bis zu acht Wochen dicht ist. Dann können Kranz und Unterlage einfach in den Hausmüll geworfen werden, denn sie wurden aus organischem Material hergestellt und sind leicht kompostierbar. Wenn man die

ca. fünf Zentimeter langen Efeuzweiglein mit der frischen Steckunterlage
kombiniert, bleibt der Blattring lange
frisch. Das Biolit wird wie ein Dach
mit dem Grün eingedeckt: Dazu werden die Zweige zu kleinen Bündeln
zusammengelegt und schräg in die
Unterlage gesteckt, um mit den Blättern die Stiele des vorangegangenen
Bündels zu verdecken. Der Kontrast
mit getrockneten Rosen wirkt
abwechslungsreich und originell –
vorausgesetzt, Sie haben die Blüten
angedrahtet, damit diese kein Wasser
ziehen: Umwickeln Sie den Blütenansatz mit einem dünnen, aber stabilen
Drahtstift, den sie hinterher auf eine
praktische Stecklänge kürzen. Wenn
Sie die Blüten mit ca. fünf Zentimeter
langen Stielen getrocknet haben, können Sie sich das Andrahten sparen.
Dann sollten Sie allerdings einen
trockenen Kranz aus Hartschaum verwenden, um die Blüten nicht durch

Feuchtigkeit zu schädigen. Begrünen Sie den Kranz auf die gleiche Weise wie oben beschrieben, und verteilen Sie die Rosen möglichst bunt über das ganze Rund. Besonders attraktiv sieht der Kranz aus, wenn der Efeu im Herbst schwarze Beeren trägt (s. Abb. S. 13).

Formschönes Flechtwerk

Sterne, Pyramiden und andere Formen aus Flechtwerk gibt es in jedem Hobby- und Bastelbedarf zu kaufen. Das Astgeflecht sieht zu getrockneten Blüten, Zweigen und Gräsern nicht nur gut aus, sondern bildet auch ein stabiles „Rückgrat" für die Arrangements. Sie können das Flechtwerk begrünen, indem Sie die verschiedensten Zweige wie Koniferen, Buchsbaum oder blühenden Rittersporn hineinfädeln. Die anderen Trockenmaterialien können in diesen Untergrund gesteckt werden, oder Sie kleben zarte Blüten mit einer Heißklebepistole fest. Neben einem scharfen Messer, einer Kneifzange für den Draht, einer Haushaltsschere und einer (Garten-) Schere für dicke Zweige, gehört eine Heißklebepistole mittlerweile zur günstigen Grundausrüstung jedes (Hobby-) Floristen. Der Heißkleber trocknet besonders schnell und erlaubt dadurch ein zügiges Arrangieren, ohne die Blüten und Blätter andrahten zu müssen. Zwischen der Heißklebepistole und der Zange sehen Sie auf dem Werkzeugfoto eine Bandrolle. Mit dem grünen Band kann man die Stiele eines Brautstraußes zu einem komfortablen Griff einbinden.

Begrünte Strohkränze

Strohkränze werden meist maschinell mit einem durchsichtigen Nylonfaden eingebunden und sind sehr stabil. Wenn Sie den Strohrömer (so heißt der Kranz nach dem Vorbild römischer Lorbeerkränze) begrünen wollen, empfiehlt sich ein dünner Kranz – denn aufgebunden wächst sein Durchmesser. Schneiden Sie zuerst die Zweige zurecht und säubern Sie die Stielenden. Binden Sie den Wickeldraht am Kranz fest und legen Sie im Uhrzeigersinn immer neue Büschel von Zweigen an. Jedes Zweigbündel wird einzeln mit einer Drahtumwicklung um den ganzen Kranz festgemacht. Beginnen Sie auf der Außenseite und legen Sie nacheinander oben und innen weitere Büschel an. Da der äußere Kranzumfang größer ist, können Sie hier gelegentlich ein zusätzliches Bündel festbinden.

Kranzanfang und Kranzende sollen unsichtbar ineinander übergehen – achten Sie also beim Übergang darauf, daß die Stielenden der ersten Zweige von den letzten bedeckt werden. Dann den Draht etwas überstehend abkneifen und das Ende zwischen den unteren Zweigen verflechten. Zum Schluß streichen Sie die Übergänge glatt und beginnen mit dem Dekorieren des Kranzes.

Kränzchen mit Heukissen

Für kleine Kränze bieten sich Materialien wie Styropor oder Hartschaum an. Um diese mit Mimosen oder anderen Zweigen zu begrünen, sollten Sie eine

Unterlage aus Heu verwenden. Der bedeckte Kranz wird dadurch gleichmäßig rund, und der helle Untergrund schimmert nicht hier und da durch das Geäst. Wickeln Sie das Rund zuerst mit einer Lage Heu ein und legen Sie dann die ersten Zweige an. Besonders schön wirkt der Kranz, wenn sich das Blattgrün mit den Blüten wie auf unserem Beispiel abwechselt (s. Abb. S. 16). Die Heufüllung bietet sich auch für Formen wie das Herz auf dem Foto an, die ganz aus dem leicht formbaren Material gemacht sind. Verwenden Sie zum Einwickeln immer einen Golddraht – der ist zwar nicht ganz billig, sieht aber mit Abstand am besten aus. Ebenfalls goldumwunden sind die Zweige mit Weidenkätzchen, die sich leicht zu einem Serviettenring biegen lassen. Die Enden sollten ineinandergreifen, bevor sie mit Golddraht eingebunden werden. Für alle Kranzbeispiele gilt, daß sich die Zweige frisch am einfachsten verarbeiten lassen. Das Trockenergebnis sieht dann ebenso attraktiv aus wie das frische Ausgangsmaterial.

17

Auftritt mit Atmosphäre

Manchmal braucht ein Bild nur einen anderen Rahmen, um in neuer Pracht zu glänzen. Das Gleiche gilt für Trockenmaterialien: Blüten in Pastellfarben, braune Blätter, Nüsse und Kränze wirken mit neuen Gestaltungsideen frisch und sehr dekorativ. Von der Landschaft im Glas über das Farben-Potpourri in 25 Töpfen bis zur Lianensäule – alle Arrangements in diesem Kapitel sind von traditionellen Trockensträußen weit entfernt.

Ein Arrangement
aus unterschiedlich
großen Amphoren
wirkt großzügig und
abwechslungsreich.

Erntefest mit Amphoren

Die geschmückten Amphoren könnten direkt aus dem alten Rom stammen, wo die Früchte zum Erntedank in prächtigen Gefäßen präsentiert wurden. Unser Arrangement ist zudem von der Formbinderei inspiriert, denn die Amphorenöffnungen werden von gebundenen Kränzen eingefaßt. Die herbstlich dekorierte Amphorenreihe ist auch zur Weihnachtszeit ein dauerhaft schöner Tischschmuck, wenn Sie Gefäße zum Beispiel mit Haselnüssen, Maroni, Erdnüssen, Granatäpfeln oder Glaskugeln dekorieren.

SO WIRD'S GEMACHT:

Binden Sie zuerst die Kränze aus Buchsbaum und der immergrünen Chamaecyparis, so daß sie genau auf die Amphorenöffnungen passen: Das Grün wird zuerst mit Golddraht zu einer Liane gebunden, deren Enden ineinander gesteckt und mit Draht fixiert werden. Die Chilizweige arrangieren Sie am besten als Strauß, den Sie mit Bastband einbinden und direkt in die Amphore mit dem Buchsbaumkranz stecken.

Um die Äpfel und Nüsse zu präsentieren, füllen Sie die Amphoren mit Steckschaumkuppeln, die mit Moos abgedeckt werden. Arrangieren Sie die Äpfel und Walnüsse jeweils als kleinen Haufen auf dem Mooshügel und fixieren Sie alle Teile mit Heißkleber. Für die Amphore mit dem Kiefernzapfen wird im Steckschaum ein „Bett" ausgehöhlt, in das der Zapfen geklebt wird. Das Kränzchen aus Chamaecyparis sieht noch hübscher aus, wenn Sie eine Reihe von Hagebutten hineinstecken oder -kleben.

EXTRA-TIP: Im Sommer die Amphoren z. B. mit Rosen- bzw. Lavendelblüten oder Dahlienköpfen arrangieren.

Sie benötigen:

Terrakotta-Amphoren, Steckschaum, Bast, Golddraht, Kiefernzapfen, Walnüsse, Zweige mit roten Chilies, kleine Äpfel, Hagebutten, Buchsbaum, Chamaecyparis, Moos zum Abdecken

Paßgenau fassen die grünen Kränze das „Amphorenmaul" ein.

Das 5 mal 5 der Farben

Cartamus, Rosenblütenblättern und Nigella. Die rosarote Reihe enthält von links: Rosen, Pfingstrosen, Zinnie, Celosia (Hahnenkamm) und verzweigte Polyantherrosen. Kleine Immortellen führen von links die blaue Reihe an, gefolgt von Frombose (Himbeerdistel), Lavendelblüten, Limonium und Stiefmütterchen. Sie müssen den „Setzkasten" nicht in der gezeigten Reihenfolge von Farbtönen bestücken – ein kunterbuntes Mosaik (ganz nach Ihrem Geschmack und Blütenvorrat) wirkt ebenso gut.

Sie benötigen:

Kleine Tontöpfe, Weidenzweige, Naturbast, Muscheln und die beschriebenen Blüten

Oben: Ein selbstgebauter „Setzkasten" aus Weidenzweigen hält das Arrangement zusammen.

Dieser originelle Tischschmuck ist eine dauerhafte Augenweide, an der Sie sich nicht so schnell sattsehen werden. Die Farbpalette aus 25 Tontöpfen beginnt links in der obersten Reihe mit cremeweißem Islandmoos; es folgen Lunaria, Ranunkeln, Weidenkätzchen und mehrjährige Blooms. In der zweiten Reihe sind von links die Gelbtöne der Sonnenblumen, Mimosen, Zinnien, Solidogo und Muscheln versammelt. Das Orange der dritten Reihe beginnt links mit Ringelblume und Physalis (Lampionblume), gefolgt von

SO WIRD´S GEMACHT:

Am besten wirkt das Blütenkarrée, wenn Sie 25 gleich große Tontöpfe verwenden, die bereits etwas Patina angesetzt haben. Schneiden Sie 12 stabile und gerade Weidenzweige so zurecht, daß sie über eine Topfreihe hinausreichen. Die Zweige werden mit Naturbast zu einem gleichmäßigen Raster verknüpft, in das die Töpfe passen, ohne durchzurutschen. Füllen Sie die Töpfe mit dem Vorrat ihrer Blaugel-getrockneten Blüten, da deren Farben am kräftigsten leuchten.

Dieses ungewöhnliche
Blütenpotpourri zeigt
die ganze Palette von
Trockenblumenfarben.

Die schlanken Säulen
sind ein ausgefallener
und eleganter Zimmer-
schmuck, der gut zu
leeren Räumen und
Designer–Möbeln paßt.

Lianen und hängende Kränze

Dieses außergewöhnliche Arrangement ist nicht als Baumhausschmuck für den Urwald gedacht. Was auf den ersten Blick vielleicht exotisch aussieht, stellt sich als Kombination bekannter Trockenblumen mit frischem Efeu und Buchsbaum heraus. Geflochtene Säulen aus Lianen können Sie in vielen Geschäften für den Hobbybedarf oder über Ihren Floristen beziehen. Die aufstrebenden Säulen bieten sich für ein hängendes Arrangement an, das in seiner fließenden Form natürlich und sehr lebendig wirkt.

SO WIRD´S GEMACHT:

Als natürliche Steckhilfe werden zuerst zwei Weidenzweige über Kreuz durch die Lianenflechtung gezogen, so daß sie zu beiden Seiten leicht überstehen. An den Weidenzweigen in der Säule können Sie die Enden der Birkenzweige mit Bastband befestigen, so daß die Zweigspitzen abfallend über den Säulenrand hängen. Drahten Sie dann Büschel aus Blättern, Heu und Efeuranken so an, daß sie sich fließend über die Säulenöffnung verteilen. In dieses Nest setzen Sie nun

Bündel von Nigella, Hortensien und den anderen Materialien. Die Rosenblüten mit einer Nadel auf einen Golddraht fädeln, der über die gesamte Säulenlänge herabhängen kann. So können Sie auch einzelne Ahornblätter im Abstand von ca. fünf Zentimeter „anketten". Die Kränze an der größeren Säule aus Moos oder Buchsbaum winden und mit Bastband oder Golddraht umwickeln. Neben dem großen Buchsbaumstrauß in der Säulenöffnung passen kleinere Buchsbaumbündel auch gut vor das helle Braun der Lianensäulen. Die Bündel mit Golddraht zusammenbinden und in verschiedenen Höhen aufhängen.

Sie benötigen:

Säulen oder Gefäße aus Lianengeflecht, Heu, Nigella, Efeu, Birkenzweige, Rosen, Rosenblütenblätter, Hoyablätter, Himbeerdistel, Ahornblätter, Bast, Buchsbaumzweige, Moos, Draht und Weidenstäbe

Aufstrebende Säulen und die abfallende Dekoration verbinden sich zu einem spannungsvollen Gesamtarrangement.

EXTRA-TIP: Blüten und Blätter in verschiedenen Farben und Formen können immer wieder neu aufgefädelt werden.

Eiserne Duftreserve

Sie benötigen:

**Weingestrüpp,
Buchsbaum,
Lavendel, Thymian,
Salbei, Pfingstrosen
und ungefärbte
Wollfäden**

Ein einzelnes Duftsträußchen riecht
angenehm – doch ein üppiger Korb
voller guter Düfte kann Gartengefühle
in jedem Zimmer wecken. Die Pfingstrosen setzen kräftige Farbakzente,
die sich auch gut mit gelben Mimosen
zu blauem Lavendel kombinieren
ließen. Der derbe Eisenkorb verleiht
dem Arrangement eine rustikale und
etwas nostalgische Note. Ein verwit-
tertes Holzkistchen oder ein Vogelnest
aus Weinranken (Seite 56) bieten sich

ebenso gut an, um Blüten und Düfte
darin zu bergen.

SO WIRD'S GEMACHT:

Füllen Sie den Korb mit wohlriechen-
dem Thymiangestrüpp und legen Sie
einen Kreis von dünnen Weinranken
obenauf. Die Pfingstrosen (möglichst
im Blaugel getrocknet, damit sie farbi-
ger leuchten) lassen sich leicht in dem
Gestrüpp fixieren. Binden Sie nun
zwei Bündel aus Lavendelzweigen und
jeweils ein Bukett aus Buchsbaum und
Salbei, das Sie jeweils mit Wollfäden
an der Bindestelle fixieren. Die Bündel
werden einfach auf das Arrangement
gelegt und können jederzeit gegen
neue Duftsträußchen ersetzt werden.

Oben links: Einfach dufte: Die Kombination von strahlenden Blüten und
kleinen Duftsträußchen.

**EXTRA-TIP: „Pflanzen" Sie kräftige
Duftsträußchen direkt in kleine
Tontöpfe. Eine Schleife aus ungefärb-
ten Wollfäden verstärkt den natürlichen Charme des Arrangements.**

Anstelle des Thymian-
gestrüpps bietet auch
Schleierkraut eine gute
Gesteckgrundlage für
diesen Eisenkorb.

Fundstücke aus dem Urlaub machen aus dem Trockenarrangement eine kleine (See–) Landschaft.

seeblick im Einmachglas

tertage, sondern sehen als Glasobjekt das ganze Jahr über dekorativ aus. Ganz leicht lassen sich die Arrangements verwandeln und damit farblich neue Akzente setzen. Ob zu Ostern oder in der Weihnachtszeit – die Schichtenfüllung bietet immer aufs Neue Gelegenheit, Naturmaterialien mit schönen Dekorationsobjekten klassisch oder ausgefallen zu kombinieren.

SO WIRD´S GEMACHT:

Bedecken Sie den Glasboden mit Blooms, Heu, schönen Steinen oder auch Sand. Dann können Sie einen dicken Strang Bast leicht drehen und darüberlegen. Muscheln und eine weitere Schicht Blooms kommen obendrauf, so daß die Stiele genug Halt für eine besonders attraktive Muschel als Abschluß bieten. Ein Bastband um den oberen Glasrand gewickelt, verleiht dem Arrangement noch mehr natürlichen Charme. Verwenden Sie möglichst unterschiedliche Materialien, die nicht zu eng aufeinander liegen sollten, damit das Arrangement leicht und durchsichtig bleibt.

Wem Fotos als Urlaubserinnerung nicht ausreichen, der kann sich mit einem kleinen Glaskasten leicht in das Land seiner Träume zurückversetzen. Muscheln, Sand und Kräuter aus dem Süden beleben nicht nur graue Win-

Sie benötigen:

Ein größeres Glasgefäß, Muscheln, Mimosen, Thymiangestrüpp, Physalis (Leuchterblume), Blooms, breites Bastband etc.

Kleines Bild: Als farbenfrohe Variante bietet sich eine Mischung aus Mimosen, Thymiangestrüpp und Physalis an.

EXTRA-TIP: Zu Ostern lassen Heu, Weidenkätzchen, Mimosen und leere Eierschalen den Frühling im Schauglas erwachen (Foto auf Seite 18).

Trockendeko – frisch und pfiffig

Ein Herz für Trockenblumen, wenn die haltbaren Blüten mit frischen Ideen arrangiert werden. So dezent dekoriert wie das Margeritenherz auf dieser Seite entfalten nicht alle Trockenblumen ihre volle Wirkung. Die Devise lautet daher: Kontrast und Mut zur ungewöhnlichen Kombination. Festlicher Tischschmuck aus Trockenblumen oder ein flammendes Herz am Anzugrevers? Kein Problem, wenn Sie mehrere Lagen von Trockenmaterialien miteinander kombinieren.

Blütenringe bitten zu Tisch

Sie benötigen:

Mimosen, Schleier-
kraut, Rosmarin,
Olivenzweige, Palm-
kätzchen, Nigella,
Asparagus Plumosis,
frische Rosenblü-
tenblätter, stabilen
Draht und Gold-
draht

Tischlein-deck-dich: Mit Blütenringen erhält jede Tafel wie von selbst ein festliches Ambiente. Während ein Blumenbukett auf dem Eßtisch den Stellplatz und die Sicht einschränkt, ist dieser Blütenschmuck dezent und praktisch zugleich: Er hält die Servietten in Form und sieht zur weißen Tischwäsche besonders edel aus. Die farbenfrohen Trockenringe können auch als originelle Platzkarten dienen, denn jeder Kranz läßt sich ganz individuell gestalten. Geben Sie Ihren Gästen schon in der Einladung ein

kleines Rätsel auf: „Zur Rechten der Mimosenreif, die Rosen folgen links sogleich...". Schließlich sind die Blütenringe ein bezauberndes und dauerhaftes Andenken, das Ihre Gäste auf dem Heimweg begleitet.

SO WIRD'S GEMACHT:

Schließen Sie festen Draht zu Ringen, die Sie wahlweise mit Olivenzweigen, Mimosen, Schleierkraut, Rosmarin und Palmkätzchen etc. einfassen und mit Golddraht umwickeln. Zur Verzierung können Sie frische Rosenblütenblätter rollen, mit Golddraht einbinden und an dem Olivenkranz befestigen. Oder sie fädeln getrocknete Rosenblütenblätter auf einen Golddraht und umwickeln damit einen Ring aus Schleierkraut. Die Nigella werden auf ein stabiles Drahtrund gefädelt und mit grünen Ranken wie zum Beispiel Asparagus Plumosis umwunden.

**EXTRA-TIP: Moos, Heu und ein Bast-
strang bieten sich ebenfalls als Blüten-
unterlage für die Serviettenringe an.**

Weiße Tischwäsche
und natürliches
Grün feiern eine
harmonische „Hoch–
zeit" auf Ihrer Tafel.

Stilvoller Tischschmuck
und zugleich eine
bleibende Erinnerung
für Ihre Gäste – die
Blütenringe.

Drei Stufen auf dem
Weg zum Blütenhimmel:
Die Etagère läßt sich
mit Trockenmaterialien
leicht und vielseitig
dekorieren.

Himmels-treppchen

Der Landhausstil hat längst Einzug in unsere Städte gehalten. Einzelne Einrichtungsgegenstände dürfen ruhig etwas rustikal und altmodisch sein – Hauptsache sie sind ausgefallen, elegant und passen zu unserer postmodernen Stilvielfalt. Mit dieser Etagère zaubern Sie eine sommerliche Landhausstimmung in jedes Zimmer und schaffen eine exklusive Bühne für die Präsentation Ihrer selbstgetrockneten Blüten.

SO WIRD'S GEMACHT:

Der obere Kerzenteller wird mit einem Kränzchen aus Schleierkraut, Buchsbaum und Thymiangestrüpp dekoriert. Binden Sie diese Materialien mit Golddraht auf einen stabilen Drahtring. Die mittlere Plattform der Etagère wird mit Efeuranken geschmückt, die kreisförmig ausgelegt werden und ruhig etwas überhängen können: Es soll der Eindruck eines Efeukranzes entstehen. Binden Sie nun mit Golddraht und einem festen Drahtring einen dünnen Schleierkrautkranz, der genau in das Efeurund paßt. Für die untere Plattform nehmen Sie einen Kranz aus Thymiangestrüpp als Unterlage, auf den Sie einen dünnen Buchsbaumkreis legen. Aus Schleierkraut, Buchsbaum, Thymian, Efeuranken und Efeu mit schwarzen Beeren binden Sie kleine Sträußchen, die Sie jeweils mit einem Bastband oder mit einer Kordel schmücken können. Arrangieren Sie abschließend die Sträußchen mit Mangostinfrüchten, durchgefärbten Kerzen und Zinnien auf der Etagère.

Sie benötigen:

Thymianzweige, Buchsbaum, Schleierkraut, Mangostinfrüchte, Efeuranken, Zinnienköpfe, Hortensien, Seidenband, Kordel, cremefarbene Kerzen, stabilen Draht, Golddraht und eine Etagère

Stilleben mit trockenen Blüten und Früchten: Wenn Sie die Zinnien in Blaugel trocknen, erhalten Sie eine ganze Palette von Pastelltönen.

EXTRA-TIP: Hortensien und frisches Obst passen ebenso gut.

Frucht- und Blütensterne

Sie benötigen:

Sternförmiges Weidengeflecht (im Hobbybedarf erhältlich), gemischtes Koniferengrün, Dahlien, Rosen, Schleierkraut, Physalis, Pfingstrosen, Stiefmütterchen, Thymianzweige, Orangenscheiben, Zimtstangen, Dattelpalmfrüchte und Golddraht

Diese Sterne sind nicht vom Himmel, aber gewissermaßen direkt vom Arbeitsplatz gefallen, denn sie lassen sich gut aus den Resten verschiedenster Trockenmaterialien herstellen. Der Rest von Stiefmütterchenblüten findet ebenso Verwendung wie die letzten Zimtstangen und ein paar rote Leuchterblumen (Physalis). Diese Auswahl aus einem Sortiment getrockneter Bestandteile gewährleistet, daß das Ergebnis kunterbunt aussieht, damit die Sterne zum fröhlichen Blickfang im Fenster werden. Auch als Geschenk sind die Sterne nicht nur in der Weihnachtszeit ein himmlisches Vergnügen.

SO WIRD'S GEMACHT:

Ziehen Sie zuerst das gemischte Koniferengrün locker durch das Weidengerüst. Beginnen Sie an der Sternspitze, damit die Kanten nicht von überstehenden Nadeln oder Ästen verdeckt werden. Die Dattelpalmfrüchte, Zimtstangen und Orangenscheiben werden mit der Heißklebepistole auf der Unterlage fixiert; danach kommen empfindlichere Blüten wie die Stiefmütterchen und Dahlien an die Reihe. Kleben Sie schließlich auch die Nüsse und Physalis fest, bevor Sie den ganzen Stern locker mit Golddraht einschnüren. Der Draht dient hier nur als Dekoration; er darf aber ruhig als „Bindemittel" wirken.

Mit Resten gut gerüstet: Der Stern wird mit verschiedensten Materialien aus dem Trockenvorrat bestückt.

EXTRA-TIP: Auf diesem Stern ist alles erlaubt: Kombinieren Sie zum Beispiel rosa Rosenblütenblätter mit roten Hagebutten und weißem Schleierkraut.

„Weißt du, wieviel
Sternlein stehen..." – in
großen Fenstern sehen
Sternenhaufen noch
dekorativer aus.

Eine witzige und dennoch stilvolle Alternative zum Weihnachtsbaum: die Weihnachtspyramide.

Weihnachtliche Pyramide

Weihnachten einmal anders: Die dekorierte Pyramide gleicht von weitem einem geschmückten Christbäumchen. Während der Weihnachtsbaum recht bald sein Grün verliert, nadelt die hier verwendete Koniferenart kaum. Das Geflecht aus Weidenzweigen kann alle Jahre wieder verwendet und anders geschmückt werden. Das Erdnußpflaster verbindet die Weihnachtspyramide mit den vier Adventskerzen zu einer originellen Winterdekoration, die sich mit neuen Blüten und Beeren immer wieder auffrischen läßt.

SO WIRD´S GEMACHT:

Das streng geometrisch geformte Weidengeflecht wird durch das Koniferengrün und die Blüten aufgelockert. Ziehen Sie zuerst Juniperus und Chamaecyparis locker durch das Weidengerüst – die eingefädelten Zweige sollten ca. 20 Zentimeter lang sein. Die anderen Materialien wie Physalis, Hortensien und die kleinen Hagebutten werden mit Abständen von ca. acht Zentimetern auf einen jeweils zwei Meter langen Golddraht gezogen. Binden Sie

kleine Limoniumsträußchen im gleichen Abstand mit Golddraht fest. Auch die Erdnüsse werden mit Golddraht umwickelt und verkettet, bevor die begrünte Pyramide mit den Girlanden geschmückt wird. Für die Erdnußbrücke schneiden Sie ein Rechteck aus stabilem Pappkarton und umwickeln ihn mit Heu und dünnem Draht; die Erdnüsse werden mit der Heißklebepistole fixiert. Dann etwas Chamaecyparis über die Fläche verteilen, bevor Sie diese mit Golddraht „umspinnen".

Sie benötigen:

Pyramide aus Weidenzweigen (im Hobbybedarf erhältlich), Juniperus, Chamaecyparis, Physalis, Hortensien, kleine Hagebutten, Wacholderzweige mit Früchten, Limonium, Erdnüsse, Dattelpalmfrüchte, vier orange Kerzen, Pappe, dünner Draht und Golddraht

Oben: „Pflastern" Sie für Ihre Adventskerzen doch einfach eine Erdnußbrücke.

EXTRA-TIP: Pyramide im Sommerkleid: Buchszweige oder Rittersporn mit getrockneten Saisonblüten arrangieren.

Flammende Herzen

Sie benötigen:

Gewickelte Heuherzen als Unterlage (im Hobbybedarf erhältlich), frische Rosenblütenblätter, Asparagusgrün, Hypernicum und Golddraht

Ein Orden der dauerhaften Liebe: Das raffinierte Doppelherz schmückt die Abendgarderobe festlich und ausgefallen.

EXTRA-TIP: Mit den Blütenblättern der Calendula und Ranunkeln lassen sich die Herzen ebenso farbenfroh dekorieren.

Seit mehr als 200 Jahren wird das Herz als Liebessymbol verwendet, davor war das blutende Herz ein sakrales Zeichen für die Leiden Christi. Heute sind die flammend roten Rosenherzen ein origineller Anstecker für jede Hochzeit. Der Herr auf dem kleinen Foto trägt ein Doppelherz am Revers, das so vielschichtig wie ein Schmuckstück schimmert. Mit einigen poppigen Herzen läßt sich auch ein filmreifes Hochzeitsauto schmücken, das mit einem Schweif von scheppernden Büchsen direkt in die Flitterwochen rollt.

SO WIRD'S GEMACHT:

Belegen Sie ein fertiges Heuherz aus dem Bastelbedarf schuppenförmig mit Rosenblütenblättern. Diese Deckschicht wird mit Golddraht nach allen Seiten umwunden, bevor sich die Prozedur am Rand des Herzens und später auf dessen Rückseite wiederholt. Einfache Anstecker sollten mit geflammten Rosenblütenblättern oder einer zweiten Kontrastfarbe belegt werden, sonst wirkt das einfarbige Herz etwas kitschig – was bei dem Schmuckherz für das Hochzeitsauto durchaus beabsichtigt ist. Für das besonders festliche Doppelherz wird zuerst (wie oben beschrieben) ein einfacher Anstecker hergestellt. Das aufgesetzte zweite Herz besteht aus einer kleineren Heuform, die mit einer grünen Girlande eingefaßt ist. Für die Girlande binden Sie Asparagusgrün mit Golddraht auf einen festeren Draht und biegen diesen dann in die gewünschte Herzform. Die grüne Einfassung wird mit den schuppenförmig aufgelegten Rosenblütenblättern eingebunden. Abschließend befestigen Sie das Hypernicum mit Heißkleber im Arrangement.

Frische Rosenblüten-
blätter ziehen dem
Herzen ein (rosa-)rotes
Mäntelchen an.

Kränze – hier geht's rund

Kränze mit getrockneten Früchten, Blättern und Blüten haben das ganze Jahr über Saison. Gerade wenn die prächtigsten Frischblumen auf dem Markt sind, können Sie aus Ihren Sträußen die schönsten Exemplare sammeln, trocknen – und zum Beispiel mit einem frischen Efeukranz kombinieren. Und Kränze als Symbol des ewigen Lebens sind eine prima Unterlage für diese Dauerblüher.

„Schau"-Fenster mit
Festtagsdekoration:
Rote Glasherzen, eine
blühende Amaryllis und
eine Reihe geschmückter
Tontöpfchen rahmen
die Buchsbaumkränze
stilvoll ein.

Grüne Bullaugen

Durch die grüne Brille besehen, ist der Winter nicht gar so grau. Wie Bullaugen hängen die Buchsbaumkränze vor dem Fenster und leuchten auch nach dem Trocknen noch mit ihren roten Schleifen. Die schöne Aussicht läßt sich ohne großen Aufwand arrangieren und wirkt mit einer blühenden Amaryllis so natürlich wie ein großes Blumenbukett – allerdings hält unser Arrangement um ein Vielfaches länger. Steigern Sie nach und nach die Vorfreude auf Weihnachten, indem Sie die Kränze mit anderen einfachen, aber edlen Dekorationsideen kombinieren.

SO WIRD´S GEMACHT:

Schneiden Sie zuerst die Buchszweige auf eine einheitliche Länge: Für einen Kranz von 30 Zentimetern Durchmesser sollten die Äste ca. acht Zentimeter lang sein. Binden Sie den Wickeldraht am Kranz fest und legen Sie im Uhrzeigersinn von außen nach innen immer neue Zweige an. Da der äußere Kranzumfang größer ist, können Sie hier gelegentlich zusätzliche Zweige

einbinden. Kranzanfang und Kranzende sollen unsichtbar ineinander übergehen – als Symbol des unendlich fortbestehenden Lebens. Achten Sie also beim Übergang darauf, daß die ersten Zweige die Stiele der letzten bedecken. Dekoriert wird der Kranz mit roten Schleifen, die auf der Rückseite mit einem u-förmigen Draht in die Strohunterlage gesteckt werden.

Sie benötigen:

Strohkranz, Buchsbaumzweige, Wickeldraht, rotes und kariertes Dekorband

Rot und Grün sind die traditionellen Weihnachtsfarben, die auch bei einem getrockneten Buchskranz ihre Kontrastwirkung nicht verlieren.

EXTRA-TIP: Arrangieren Sie die Buchskränze mit kleinen Moostöpfchen, in die Sie Kerzen, (Granat-) Äpfel, Nüsse, Zapfen oder Glaskugeln „gepflanzt" haben.

Floraler Hausaltar

Sie benötigen:

Gemischte Koniferen, Herbstlaub mit teilweise skelettierten Blättern, Nigella, Immortellen, Lunaria, Apfelscheiben, Pappe, Golddraht, Chiffonband und handgeschöpftes Papier

Kleines Bild: Stilleben mit handgeschöpftem Papier, rotem Laub und einem skelettierten Blatt, das Sie manchmal im Wald finden, aber auch im Hobbybedarf kaufen können.

EXTRA-TIP: Gebleichte Zweige oder gebleichten Ingwer auf dem Kranz verteilen.

Im Mittelalter wuchsen die Kathedralen in den Himmel – etwas von der himmelsstürmenden Statik ist auch in den Proportionen dieses Arrangements wiederzufinden. Die langen Altarkerzen stehen im Gegensatz zu dem relativ flach gearbeiteten Scheibenkranz. Durch die spannungsreichen Extreme wirkt der florale Hausaltar nicht so zierlich wie die meisten Adventskränze, sondern fällt als eigenständige Skulptur sofort ins Auge. Die natürlichen Trockenmaterialien auf dem Koniferenkranz verbinden das avantgardistisch anmutende Ensemble mit den Traditionen der Vorweihnachtszeit.

SO WIRD'S GEMACHT:

Schneiden Sie zuerst aus Pappe einen Ring in der gewünschten Größe zurecht. Belegen Sie diese Unterlage mit einer Schicht Heu, die Sie mit Golddraht einbinden. Die gemischten Koniferen unregelmäßig über den Kranz verteilen und ebenfalls mit Golddraht fixieren. Binden Sie nun die Immortellen zu Sträußen und plazieren Sie diese deutlich höher als die flacheren Kranzabschnitte mit dem Laub und handgeschöpftem Papier. Auch die anderen Materialien wie Nigella und Lunaria können Sie in kleinen Gruppen auf der Unterlage arrangieren. Zur Verstärkung der Tiefenwirkung werden die Apfelscheiben, skelettierten Blätter und das Chiffonband obenauf gelegt und vorsichtig mit Heißkleber befestigt. Abschließend die Kerzen in das Kranzrund stellen.

Altarkerzen und
(scheinbar) alter Papy-
rus: Dieses Arrangement
in Creme- und Brauntö-
nen besticht durch seine
Form und Materialkom-
bination.

Frisch erblüht oder
dauerhaft getrocknet?
Der farbenfrohe
Rosen-reigen kann
mit Frischblumen
leicht konkurrieren.

Zeitloser Rosenreigen

(Rote) Rosen als Zeichen der Liebe und Efeu als Zeichen der Treue gehen hier gleich doppelt eine dauerhafte Bindung ein – als haltbares Arrangement und als Sinnbild der ewigen Liebe. In den schwarzen Efeubeeren trägt das harmonische Verhältnis seine spätsommerlichen Früchte. Für alle trockenen Blumen befruchtend ist die Kombination mit frischem Efeugrün. Ausschließlich rote Rosen würden sich für das Arrangement kaum eignen, denn sie werden – bei aller Liebe – während des Trocknens fast schwarz.

SO WIRD´S GEMACHT:

Einen trockenen oder wasseraufnehmenden Steckschaum wählen. Wenn man die ca. fünf Zentimeter langen Efeuzweiglein mit der frischen Steckunterlage kombiniert, bleibt der Blattring lange frisch. Das feuchte Biolit wird wie ein Dach mit dem Grün eingedeckt: Legen Sie die Zweige zu kleinen Bündeln zusammen und stecken Sie diese schräg in die Unterlage, um mit den Blättern die Stiele des vorangegangenen Bündels zu ver-

decken. Die Blüten werden am besten angedrahtet, damit sie kein Wasser ziehen: Umwickeln Sie den Blütenansatz mit einem dünnen, aber stabilen Drahtstift, den Sie hinterher auf eine praktische Stecklänge kürzen. Wenn Sie die Blüten mit ca. fünf Zentimeter langen Stielen getrocknet haben, können Sie diese direkt in einen trockenen Kranz aus Hartschaum stecken.

EXTRA-TIP: Gelbe Stiefmütterchen und Mimosen oder orange Physalis, Ringelblumen und Nigella passen ebensogut (Foto auf Seite 42).

Sie benötigen:

Steckring aus Hartschaum oder Biolit, Efeu (möglichst mit Beeren), Rosen in verschiedenen Farben

Oben: Dachdecken und Kranzstecken nach dem gleichen Prinzip: Die Zweige überlappend in die Unterlage stecken.

49

Das wachsende Adventsnest

Sie benötigen:

Strohkranz, Steckschaum, gemischte Koniferen, Efeu, Ilex, Heu, violette und rosa Immortellen, rote und rosa Rosen, Hortensien, Lunaria, Limonium, Orangen- und Apfelscheiben, Hanf, Splittstäbe, Wickeldraht, stabiler Blaudraht, Golddraht und Kerzen

Geplante Unordnung ist das Entstehungsprinzip dieses mehrjährigen Adventskranzes.

EXTRA-TIP: Auch verwendbar: Blätter, Rosen, Hagebutten, Pfingstrosen.

Alle Jahre wieder... suchen Sie nach einem schönen Adventskranz? Versuchen Sie es doch einmal mit einem wachsenden Adventsnest: Jahr für Jahr legt sich ein neuer Regenbogen von Blüten und Früchten über die Kranzunterlage. Frühere Schichten werden nicht einfach weggeworfen, sondern behutsam saniert: Der Kranz wächst also mit jeder Weihnachtszeit, während er den Rest des Jahres kühl, dunkel und staubgeschützt auf seinen großen Auftritt wartet.

SO WIRD'S GEMACHT:

Begrünen Sie einen Strohkranz mit Heu und verschiedenen Koniferen und binden Sie den Belag mit Wickeldraht fest. In der Kreisöffnung wird dann ein Stück Steckschaum eingepaßt, das mit Heu umwickelt und mit zwei Splintstäben über Kreuz im Strohrömer festgesteckt wird. Die Kerzen werden mit geglühtem Blaudraht befestigt: Erhitzen Sie den Draht in einer Kerzenflamme und drücken Sie die Enden ca. zwei Zentimeter in den Kerzenboden. Mit zwei bis drei weiteren Drähten wiederholen, die Sie danach auf eine einheitliche Länge kürzen, um sie tief im Steckschaum zu verankern. Die Kerzen stecken noch fester, wenn Sie die Drähte u-förmig umbiegen und mit zwei Enden in die Kerzen drücken. Hortensienbündel, angedrahtete Zapfen und Immortellen verdecken den Übergang zwischen Kranz und Steckschaum. Feinere Materialien wie Lunaria, Limonium, Orangen- und Apfelscheiben können Sie auf Golddraht fädeln und mit dem dünnen Hanf locker um den Kranz ziehen.

Nur die Kerzen werden
ausgetauscht, wenn das
Adventsnest aus der
Sommerpause kommt,
der Blütenbestand wird
lediglich aufgestockt.

Sträuße – Fest der Farben

Herbst ist die Zeit der Ernte, und dieser lebendige Herbststrauß ist das Zeichen eines reichen Trocken-Ertrags: Die Ähren huben ihre Feuchtigkeit Hals über Kopf verloren, um ihre Form zu wahren. Gelbe Zinnien und Sonnenblumen sowie die roten Dahlien nahmen ein Bad in Blaugel, damit sie die leuchtenden Farben nicht verlieren. Die roten Rosen und Nigella haben sich dagegen mit der Heizungswärme begnügt.

Zum weißen Kleid wirkt
der Braustrauß in zar-
ten Gelb-und Grüntö-
nen elegant und dezent
zugleich – auch noch
nach dem Trocknen.

Brautstrauß mit gelben Rosen

Ein hochwertiger Brautstrauß zum Selbermachen ist ein Widerspruch in sich – es sei denn, Sie sind ausgebildeter Florist. Wir haben trotzdem einen Brautstrauß in unser Buch übernommen, weil das edle Arrangement als Erinnerung an den „schönsten Tag im Leben" häufig getrocknet und aufbewahrt wird. Unser Brautstrauß mit cremegelben Rosen, Blüten und Blättern der Schneeballbegonien, Hypericumbeeren, Schleierkraut, Efeu, Lysimadia, Asparagus und Bändern in verschiedenen Breiten und Variationen ist trotz seiner natürlich abfließenden Form kompakt gearbeitet. Wenn ein Brautstrauß besonders ausladend mit einzelnen abfließenden oder aufstrebenden Blumen arrangiert wird, dann läßt er sich nur schwierig trocknen. Sprechen Sie daher mit Ihrem Floristen, wenn Sie an ihrem Brautstrauß dauerhaft Freude haben wollen. Materialien wie Rosen, Schleierkraut, Efeu, Asparagus und Hoyablätter gefährden das Brautkleid nicht durch Pflanzenfarben und bleiben nach der Hochzeit lange haltbar. Nach den Feierlichkeiten sollten Sie den Brautstrauß in einem trockenen, dunklen Raum drei bis fünf Tage aufrecht ohne Wasser in einem Gefäß lagern, bevor er kopfüber vollends eintrocknet. Danach die Blüten mit Sprühlack fixieren, versiegeln und zum Glänzen bringen. So hält sich das Bukett in einer Hutschachtel fast unbegrenzt – jedenfalls lange genug, um noch von der nächsten Generation bewundert zu werden.

Sie benötigen:

Einen guten Floristen

Ein frischer Brautstrauß ist eine Augenweide, die noch nach Jahren an den „schönsten Tag im Leben" erinnert.

Küken und Kätzchen

Sie benötigen:

Weiden- und Birkenzweige, Weinranken für das Vogelnest, Mimosen, Stiefmütterchen, Limonium, Buchsbaum, Bast, Wolle, Draht und Eierschalen

Das Nest aus Weinranken wirkt in einem Blumenstrauß natürlich und außergewöhnlich zugleich.

EXTRA-TIP: In das Nest eine Wasserschale für Frischblumen stellen oder einzelne Blumen in Glasröhrchen mit Wasser stecken.

Küken und Kätzchen vertragen sich selten so gut wie in diesem Strauß. Denn die Küken haben nach dem Schlüpfen nur die Eierschalen zurückgelassen, und mit den Kätzchen sind Weidenkätzchen gemeint, die dieses österliche Arrangement krönen. Der ausgefallene Strauß steht ohne eine stützende Vase und bleibt ohne Wasser lange attraktiv. Das Osternest auf den dekorativen Weidenstelzen können Sie auch mit bemalten Eierschalen füllen – eine verspielte Kette von blauen und gelben Schalenhälften bildet einen interessanten Kontrast zu dem geometrischen Aufbau des Arrangements.

SO WIRD'S GEMACHT:

Schneiden Sie die Weidenzweige auf eine einheitliche Länge zurecht. Das Bukett wird spiralförmig arrangiert, indem Sie die neuen Stiele immer etwas tiefer anlegen und den Strauß in der Hand weiterdrehen. Achten Sie darauf, daß die Bindestelle möglichst dicht bleibt und umwickeln Sie diese zuerst mit Draht und danach mit dekorativen Wollfäden. Dann wird ein Nest aus Birkenzweigen auf das Weidengerüst gelegt, bevor Sie die Buchs-, Mimosen- und Weidenkätzchenzweige in diese Plattform stecken. Aus Weinranken formen Sie ein Vogelnest, das mit Eierschalen gefüllt und obenauf gesetzt wird. Befestigen Sie den Bast im Strauß und lassen Sie diesen zu einer Seite überhängen, bevor Sie die Eierschalen auffädeln und mit angedrahteten Violablüten einzelne Farbtupfer setzen.

56

Ein Frühlingsstrauß, der ohne Wasser
auskommt – die große Spirale aus
Weidenzweigen sieht auch auf Holz-
oder Steinböden sehr schön aus.

Ein leuchtender
Herbststrauß, dessen
Farben so schnell
nicht verblassen.

Herbststrauß mit Physalis

Füllhörner erscheinen für gewöhnlich als Sinnbild der nahrungsspendenden Natur: Früchte, Nüsse und Getreideähren quellen aus dem weit geöffneten Horn. In unserem Fall sind es üppige Herbstfarben, die aus der weinumrankten Öffnung eines Straußes quellen. Je größer Sie dieses Bukett gestalten, desto stärker wird der Eindruck von Erntezeit und reichen Wintervorräten, der von ihm ausgeht. Frisch gesammelte Blätter machen das Arrangement zur herbstlichen Landschaft im Miniaturformat.

SO WIRD'S GEMACHT:

Formen Sie aus kräftigen Weinranken und dem entsprechenden Gestrüpp einen gleichmäßigen Kranz. Das Rund wird mit vier Drähten fixiert, deren Enden in der Kranzöffnung zu einem Stiel zusammenlaufen. Dann werden vier bis fünf Heutuffs einfach mit Draht umwickelt und so in den Ring gesteckt, daß die Enden den Stiel in der Kranzmitte verstärken. Drahten Sie die Physalis nun einzeln an und stecken Sie damit eine Kuppel über der Heubasis. Einzelne Physalisfrüchte und Weinblätter können Sie auch in die Zwischenräume des Kranzes legen.

EXTRA-TIP: Lassen Sie ein paar Getreideähren über der Früchtekugel wehen – das lockert die geballte Form auf und verstärkt deren natürliche Wirkung.

Sie benötigen:

Weinranken und -blätter, Heu, Physalis und Drahtstifte

Der Ring aus Weinranken dient als Basis für die angedrahteten Physalisfrüchte.

Herz ist Trumpf

Sie benötigen:

Heuherzen (in jedem Hobbybedarf erhältlich), Efeu, Asparagus Plumosis, Violablüten, Rosenblütenblätter, Mimose, Solidago, frische Hyazintenblüten, Schleierkraut, Gräser und Drahtstifte

Kleines Bild: Ein Herz für Trockenblumen – oder dürfen es auch ein paar mehr sein?

EXTRA-TIP: Der Strauß wirkt noch großzügiger, wenn Sie die Herzen am Golddraht mit Efeuranken oder Gräsern auf einer Seite herabhängen lassen.

Mit diesem Strauß blüht Ihnen eine ganz besondere Form(-binderei) von Trockenblumen. Wie Blüten strecken sich die bunten Herzen dem Betrachter entgegen. Ob gefüllt oder als Girlande in Herzform – die poppige Mischung macht dieses Arrangement zum Blickfang in allen Räumen. Eine kleinere Variante paßt sehr gut zu weitgehend schmucklosen Räumen; in voller Größe können Sie mit dem Herzstrauß einen Hochzeitstisch oder einen Festsaal dekorieren.

SO WIRD'S GEMACHT:

Belegen Sie zunächst zwei Heuherzen aus dem Bastelbedarf schuppenförmig mit verschiedenen Rosenblütenblättern. Diese Deckschicht wird mit Golddraht nach allen Seiten umwunden, bevor sich die Prozedur am Rand des Herzens und später auf dessen Rückseite wiederholt. Alternative Oberflächen sind Mimosen und Schleierkraut oder Violablüten, die speziell auf die Heuunterlage geklebt werden. Fädeln sie auf einen Draht in Herzform frische (blaue) Hyazintenblüten.

Um die zweite Herzgirlande legen Sie Solidago und Rosenblütenblätter und umwickeln die Form mit Golddraht. Alle Herzen werden an stabilen Drähten befestigt, die Sie wie Blumenstiele mit den Asparaguszweigen zu einem Strauß zusammenlegen. Um das Arrangement besser halten zu können, können Sie vorübergehend ein paar Efeuzweige zwischen die Drähte stecken. Dann lassen sich die Herzblüten leicht in Kuppelform arrangieren.

Keine Spur von trocke-
ner Nostalgie: Peppige
Farben und verschiedene
Herzformen verbreiten
auf Anhieb gute Laune.

In einer schmalen Vase wirkt das Herz besonders elegant – die trockenen Stiele oder ersatzweise die Drahtstifte brauchen nicht viel Platz.

Der Blüten-
botschafter

Sag's durch die Blume: Rosige Liebes-grüße passen nicht nur zum Heirats-antrag, sondern versüßen auch den gemeinsamen Alltag. Der Strauß ist frisch und getrocknet gleich attraktiv – zum Trocknen bieten sich allerdings zwei verschiedene Wege an: Sie kön-nen die frischen Blüten direkt verar-beiten, indem Sie den Blütenboden mit Draht umwickeln und den Drahtstift am Stiel entlanglaufen lassen – die Rosen lassen sich angedrahtet besser ausrichten. Da die Stiele beim Trock-nen schrumpfen, wird das Arrange-ment jedoch stabiler, wenn Sie die Blüten zuerst trocknen und dann an den Draht legen. Dazu schneiden Sie die Rosenstiele kurz unter der Blüte ab und legen diese mit der Unterseite auf die abgedeckte Heizung. Werden die Blüten jeden Tag sanft aufgedrückt, dann wirken sie getrocknet besonders füllig.

SO WIRD´S GEMACHT:

Schneiden Sie aus dicker Pappe ein Herz aus, das Sie an drei Seiten an-drahten. Die Drahtenden laufen in einem gemeinsamen Griff zusammen. Bekleben Sie das Herz mit gleich großen Efeublättern, wobei die Blatt-ränder über die Pappe hinauswachsen können. Die angedrahteten Rosen wer-den nacheinander in die Unterlage gesteckt: In der Mitte sollte sich der Blütenteppich leicht kuppelförmig wölben. Die Drahtenden der Rosen werden unter der Pappe zu einem Griff zusammengefaßt, den Sie mit Klebeband fixieren können.

Sie benötigen:

Frische oder getrocknete Rosen-blüten, Efeublätter, Pappe, Kleber und Drahtstifte

Kleines Bild:
Selbst eine Statue aus Stein scheint in den Duft der frischen Rosen versunken zu sein.

EXTRA-TIP: Geben Sie Ihrem Herz ein lebendiges Muster, indem Sie verschie-dene Rosenfarben miteinander kombi-nieren.

63